AF195047

Impressum
Verlag: BABADADA GmbH, Nedderfeld 112 , 22529 Hamburg
Geschäftsführer / Verlagsleitung: Harald Hof
Druck: Books on Demand GmbH, In de Tarpen 42, 22848 Norderstedt

Imprint
Publisher: BABADADA GmbH, Nedderfeld 112 , 22529 Hamburg, Germany
Managing Director / Publishing direction: Harald Hof
Print: Books on Demand GmbH, In de Tarpen 42, 22848 Norderstedt, Germany

la escuela

die Schule

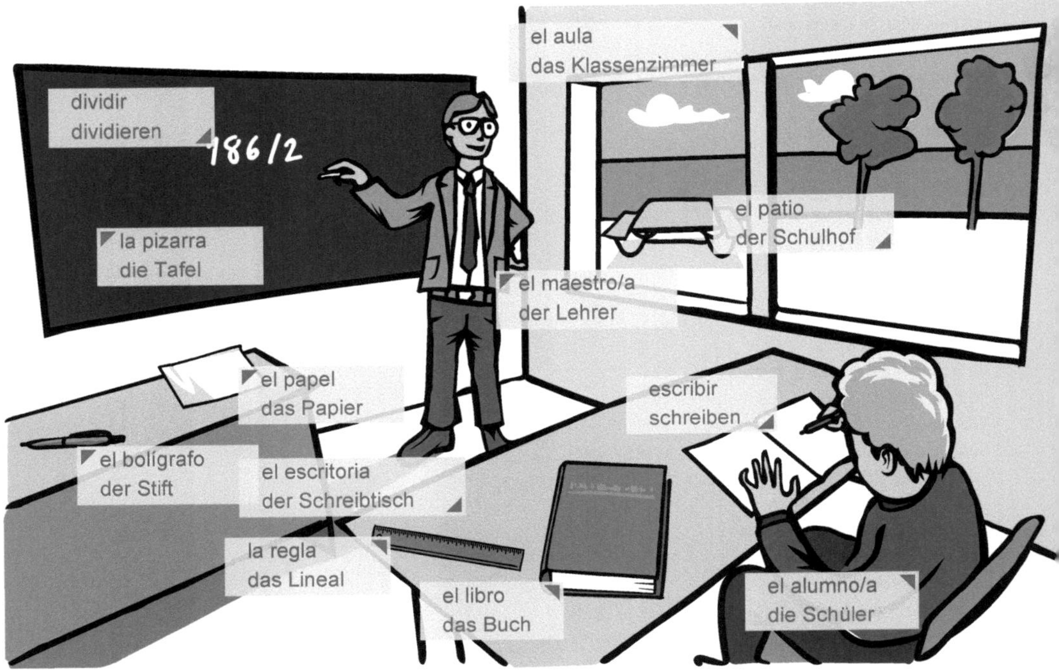

el aula
das Klassenzimmer
dividir
dividieren
186/2
la pizarra
die Tafel
el patio
der Schulhof
el maestro/a
der Lehrer
el papel
das Papier
escribir
schreiben
el bolígrafo
der Stift
el escritoria
der Schreibtisch
la regla
das Lineal
el libro
das Buch
el alumno/a
die Schüler

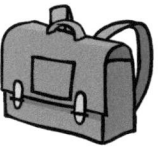

la cartera

der Ranzen

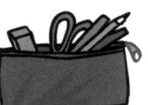

la caja de lápices

die Federmappe

el lápiz

der Bleistift

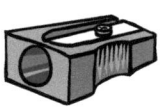

el sacapuntas

der Bleistiftanspitzer

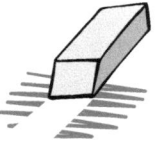

la goma de borrar

das Radiergummi

el cuaderno de dibujo

der Zeichenblock

el dibujo

die Zeichnung

el pincel

der Pinsel

la caja de pinturas

der Malkasten

las tijeras

die Schere

el pegamento

der Klebstoff

el cuaderno de ejercicios

das Übungsheft

los deberes

die Hausaufgabe

el número

die Zahl

sumar

addieren

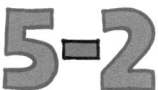

restar

subtrahieren

multiplicar

multiplizieren

calcular

rechnen

la letra

der Buchstabe

el alfabeto

das Alphabet

la palabra

das Wort

el texto

der Text

leer

lesen

la tiza

die Kreide

la lección

die Stunde

el cuaderno de notas

das Klassenbuch

el examen

die Prüfung

el certificado

das Zeugnis

el uniforme

die Schuluniform

la educación

die Ausbildung

la enciclopedia

das Lexikon

la universidad

die Universität

el microscopio

das Mikroskop

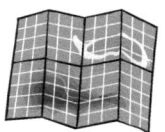

el mapa

die Karte

la papelera

der Papierkorb

el viaje
die Reise

el hotel
das Hotel
Grand
el albergue
die Herberge
ROOMS
CHANGE
oficina de cambio de divisas
e Wechselstube
la maleta
der Koffer
el coche
das Auto

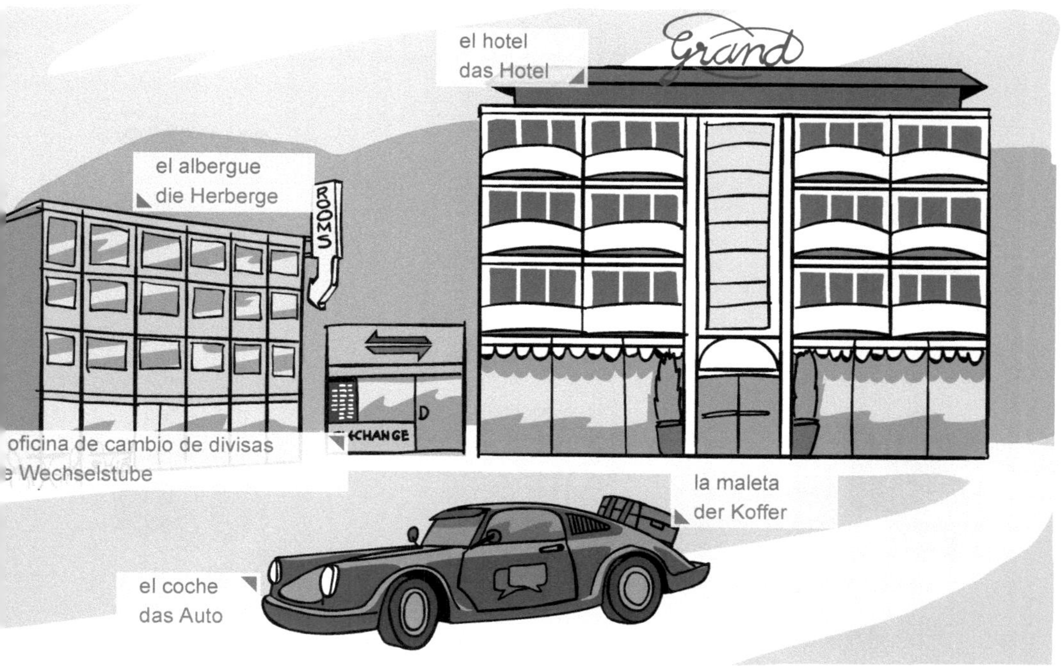

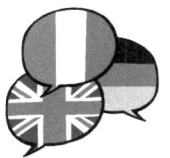

el idioma
die Sprache

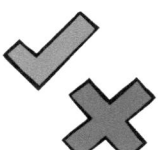

sí / no
ja / nein

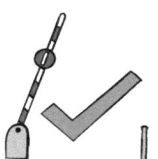

Vale
Okay

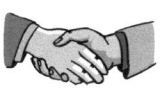

hola
Hallo

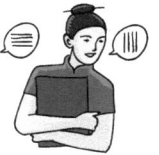

el traductor
der Übersetzer

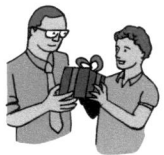

Gracias
Danke

¿cuánto es...?

Was kostet...?

No entiendo

Ich verstehe nicht

el problema

das Problem

¡Buenas tardes!

Guten Abend!

¡Buenos días!

Guten Morgen!

¡Buenas noches!

Gute Nacht!

adiós

Auf Wiedersehen

la dirección

die Richtung

el equipaje

das Gepäck

la bolsa

die Tasche

la mochila

der Rucksack

el invitado

der Gast

la habitación

das Zimmer

el saco de dormir

der Schlafsack

la tienda de campaña

das Zelt

la información turística
die Touristeninformation

la playa
der Strand

la tarjeta de crédito
die Kreditkarte

el desayuno
das Frühstück

el almuerzo
das Mittagessen

la cena
das Abendessen

el billete
die Fahrkarte

el ascensor
der Fahrstuhl

el sello
die Briefmarke

la frontera
die Grenze

la aduana
der Zoll

la embajada
die Botschaft

la visa
das Visum

el pasaporte
der Pass

el transporte
der Transport

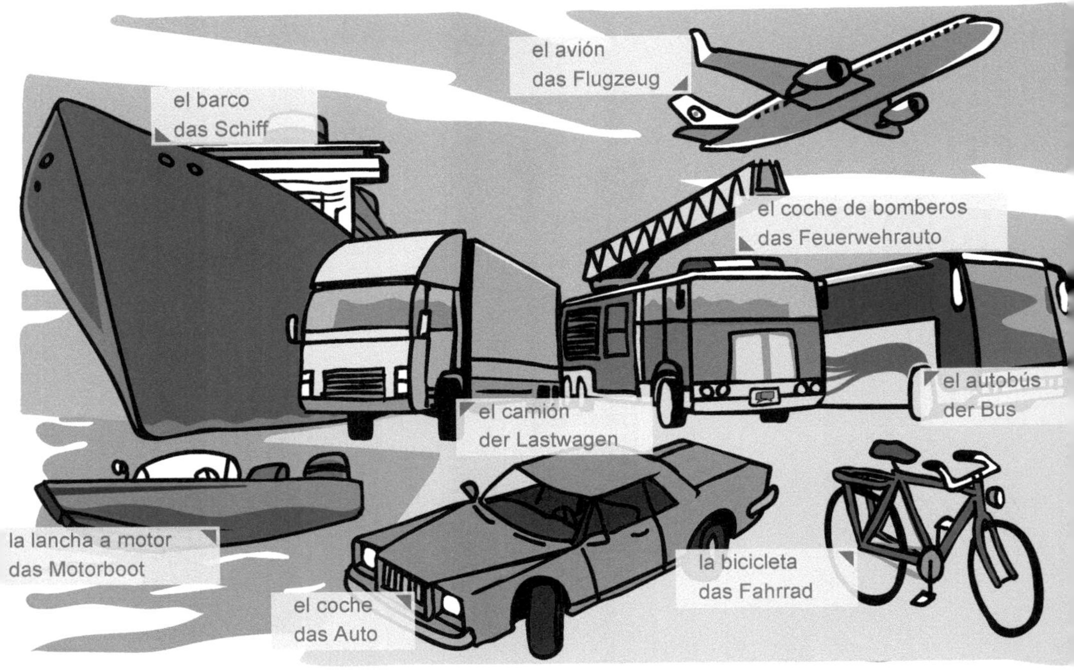
el avión
das Flugzeug
el barco
das Schiff
el coche de bomberos
das Feuerwehrauto
el autobús
der Bus
el camión
der Lastwagen
la lancha a motor
das Motorboot
la bicicleta
das Fahrrad
el coche
das Auto

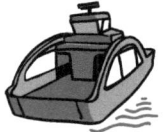

el transbordador

die Fähre

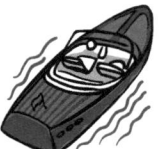

la barca

das Boot

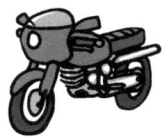

la moto

das Motorrad

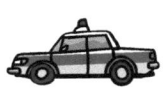

el coche de policía

das Polizeiauto

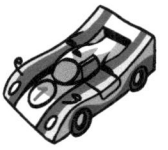

el coche de carreras

das Rennauto

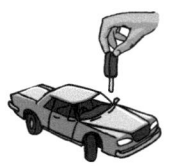

el coche de alquiler

der Mietwagen

el préstamo de vehículos

das Carsharing

la grúa

der Abschleppwagen

el camión de la basura

das Müllauto

el motor

der Motor

la gasolina

der Kraftstoff

la gasolinera

die Tankstelle

la señal de tráfico

das Verkehrsschild

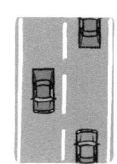

el tráfico

der Verkehr

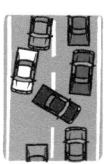

el atasco

der Stau

el aparcamiento

der Parkplatz

la estación de tren

der Bahnhof

las vías

die Schienen

el tren

der Zug

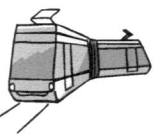

el tranvía

die Straßenbahn

el vagón

der Wagon

el helicóptero
der Helikopter

el aeropuerto
der Flughafen

la torre
der Tower

el pasajero
der Passagier

el contenedor
der Container

la caja de cartón
der Karton

la carretilla
der Karren

la cesta
der Korb

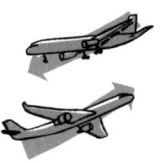

despegar / aterrizar
starten / landen

la ciudad
die Stadt

el pueblo
das Dorf

el centro de la ciudad
das Stadtzentrum

la casa
das Haus

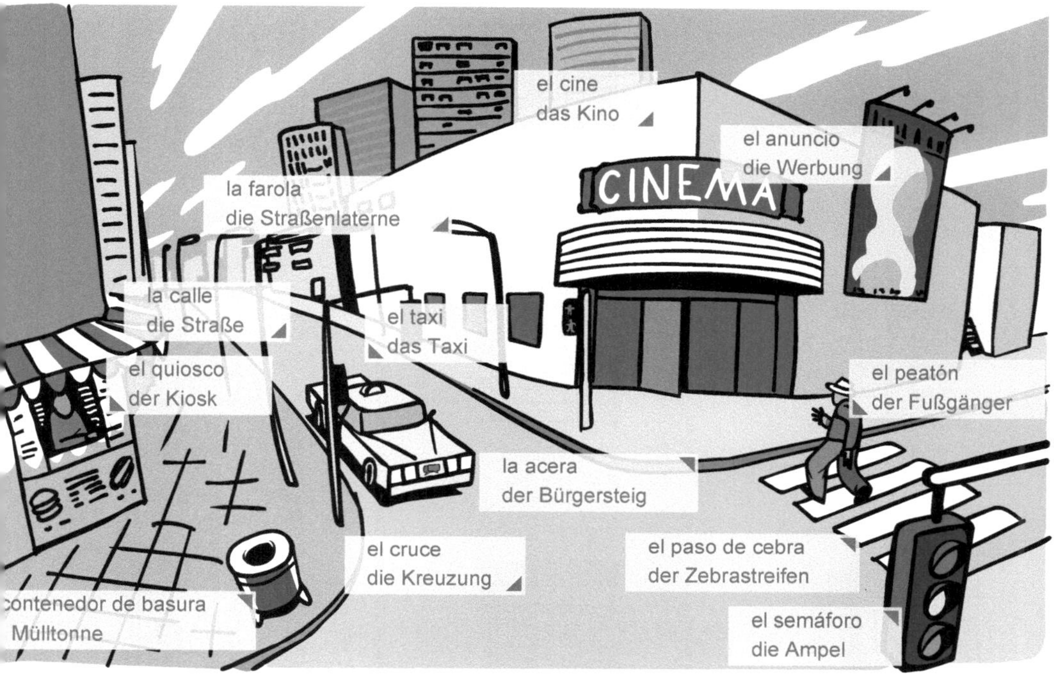
el cine
das Kino
el anuncio
die Werbung
CINEMA
la farola
die Straßenlaterne
la calle
die Straße
el taxi
das Taxi
el quiosco
der Kiosk
el peatón
der Fußgänger
la acera
der Bürgersteig
el cruce
die Kreuzung
el paso de cebra
der Zebrastreifen
contenedor de basura
Mülltonne
el semáforo
die Ampel

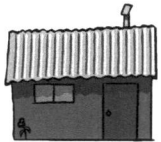

la cabaña

die Hütte

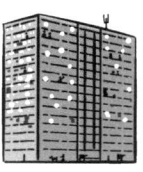

el apartamento

die Wohnung

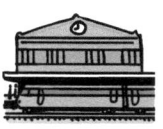

la estación de tren

der Bahnhof

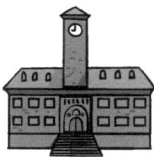

el ayuntamiento

das Rathaus

MUSEUM

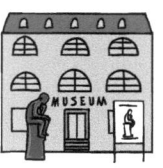

el museo

das Museum

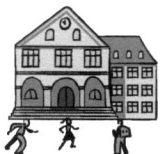

la escuela

die Schule

la universidad

die Universität

el banco

die Bank

el hospital

das Krankenhaus

el hotel

das Hotel

la farmacia

die Apotheke

la oficina

das Büro

la librería

die Buchhandlung

la tienda de campaña

das Geschäft

la floristería

der Blumenladen

el supermercado

der Supermarkt

el mercado

der Markt

los grandes almacenes

das Kaufhaus

la pescadería

der Fischhändler

el centro comercial

das Einkaufszentrum

el puerto

der Hafen

el parque

der Park

el banco

die Bank

el puente

die Brücke

las escaleras

die Treppe

el metro

die U-Bahn

el túnel

der Tunnel

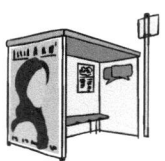

la parada de autobús

die Bushaltestelle

el bar

die Bar

el restaurante

das Restaurant

el buzón

der Briefkasten

el poste indicador

das Straßenschild

el parquímetro

die Parkuhr

el zoo

der Zoo

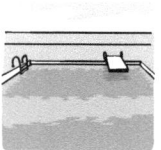

la piscina

die Badeanstalt

la mezquita

die Moschee

la granja

der Bauernhof

la contaminación

die Umweltverschmutzung

el cementerio

der Friedhof

la iglesia

die Kirche

el patio de juego

der Spielplatz

el templo

der Tempel

el paisaje
die Landschaft

la hoja
das Blatt

la señal
der Wegweiser

el camino
der Weg

el prado
die Wiese

la piedra
der Stein

el árbol
der Baum

el excursionista
der Wanderer

el río
der Fluss

la hierba
das Gras

la flor
die Blume

el valle

das Tal

la colina

der Berg

el lago

der See

el bosque

der Wald

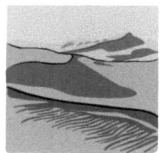

el desierto

die Wüste

el volcán

der Vulkan

el castillo

das Schloss

el arcoíris

der Regenbogen

el champiñón

der Pilz

la palmera

die Palme

el mosquito

der Moskito

la mosca

die Fliege

la hormiga

die Ameise

la abeja

die Biene

la araña

die Spinne

el escarabajo

der Käfer

la rana

der Frosch

la ardilla

das Eichhörnchen

el erizo

der Igel

la liebre

der Hase

la lechuza

die Eule

el pájaro

die Vogel

el cisne

der Schwan

el jabalí

das Wildschwein

el ciervo

der Hirsch

el alce

der Elch

la presa

der Staudamm

la turbina eólica

das Windrad

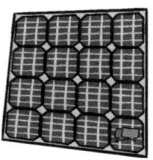

el panel solar

das Solarmodul

el clima

das Klima

el restaurante
das Restaurant

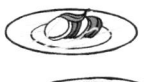

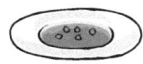

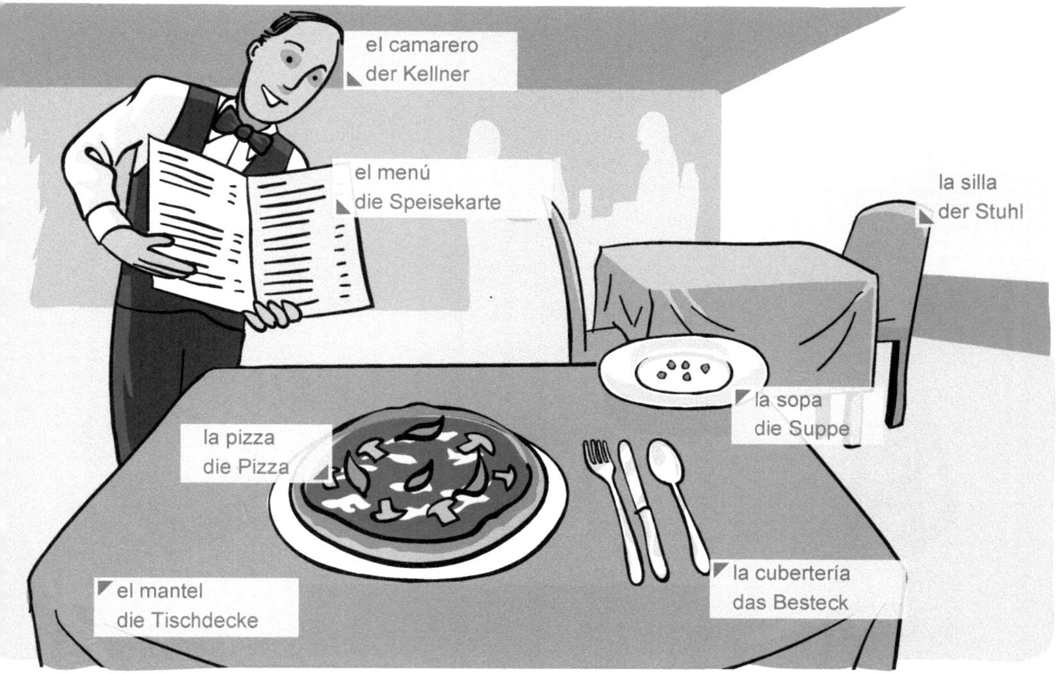
el camarero
der Kellner
el menú
die Speisekarte
la silla
der Stuhl
la sopa
die Suppe
la pizza
die Pizza
el mantel
die Tischdecke
la cubertería
das Besteck

el primer plato

die Vorspeise

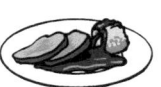

el plato principal

das Hauptgericht

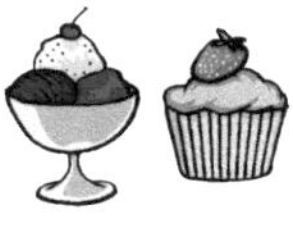

el postre

die Nachspeise

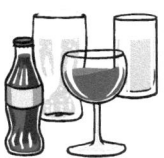

las bebidas

die Getränke

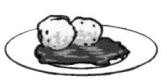

la comida

das Essen

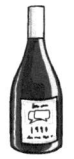

la botella

die Flasche

la comida rápida

das Fastfood

la comida callejera

das Streetfood

la tetera

die Teekanne

el azucarero

die Zuckerdose

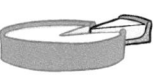

la porción

die Portion

la cafetera expreso

die Espressomaschine

la trona

der Hochstuhl

la cuenta

die Rechnung

la bandeja

das Tablett

el cuchillo

das Messer

el tenedor

die Gabel

la cuchara

der Löffel

la cucharilla

der Teelöffel

la servilleta

die Serviette

el vaso

das Glas

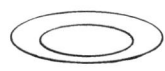

el plato
der Teller

el plato hondo
der Suppenteller

el platillo
die Untertasse

la salsa
die Sauce

el salero
der Salzstreuer

el molinillo de pimienta
die Pfeffermühle

el vinagre
der Essig

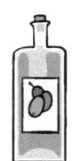

el aceite
das Öl

las especias
die Gewürze

el ketchup
das Ketchup

la mostaza
der Senf

la mayonesa
die Mayonnaise

el supermercado
der Supermarkt

la oferta especial
das Angebot
FOR
el cliente
der Kunde
los lácteos
die Milchprodukte
la fruta
das Obst
el carro de compra
der Einkaufswagen

BUTCHERS

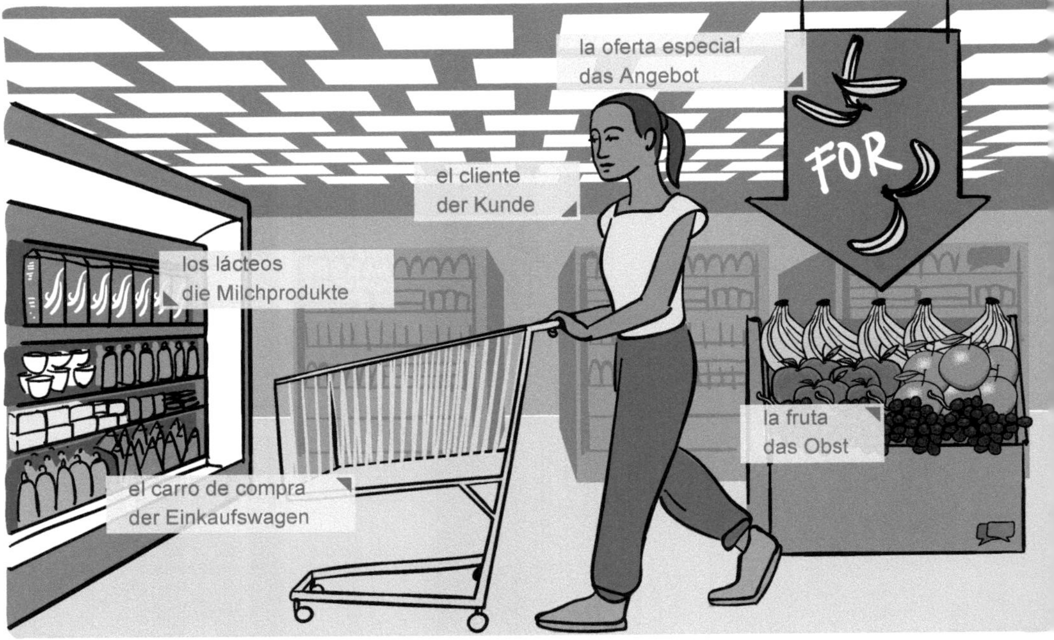

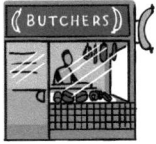

la carniceria

die Schlachterei

BAKERY

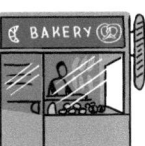

la panadería

die Bäckerei

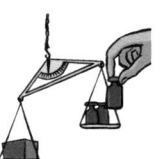

pesar

wiegen

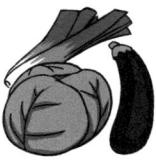

las verduras

das Gemüse

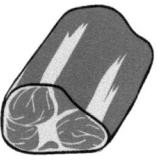

la carne

das Fleisch

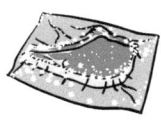

los alimentos congelados

die Tiefkühlkost

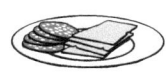

los fiambres

der Aufschnitt

las conservas

die Konserven

el detergente en polvo

das Waschmittel

los dulces

die Süßigkeiten

productos de uso doméstico

die Haushaltsartikel

productos de limpieza

das Reinigungsmittel

la vendedora

die Verkäuferin

la caja de cartón

die Kasse

el cajero

der Kassierer

la lista de la compra

die Einkaufsliste

el horario de atención al
público

die Öffnungszeiten

la cartera

die Brieftasche

la tarjeta de crédito

die Kreditkarte

la bolsa de plástico

die Tasche

la bolsa de plástico

die Plastiktüte

el agua

das Wasser

el zumo

der Saft

la leche

die Milch

la cola

die Cola

el vino

der Wein

la cerveza

das Bier

el alcohol

der Alkohol

el cacao

der Kakao

el té

der Tee

el café

der Kaffee

el expreso

der Espresso

el capuchino

der Cappuccino

el plátano

die Banane

la manzana

der Apfel

la naranja

die Orange

el melón

die Melone

el limón

die Zitrone

la zanahoria

die Karotte

el ajo

der Knoblauch

el bambú

der Bambus

la cebolla

die Zwiebel

el champiñón

der Pilz

las avellanas

die Nüsse

los fideos

die Nudeln

las espagueti

die Spaghetti

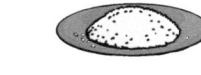

el arroz

der Reis

la ensalada

der Salat

las patatas fritas

die Pommes frites

las patatas fritas

die Bratkartoffeln

la pizza

die Pizza

la hamburguesa

der Hamburger

el sándwich

das Sandwich

el filete

das Schnitzel

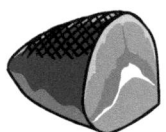

el jamón

der Schinken

le salami

die Salami

la salchicha

die Wurst

el pollo

das Huhn

el asado

der Braten

el pescado

der Fisch

la comida - das Essen

los copos de avena

die Haferflocken

el muesli

das Müsli

los copos de maíz

die Cornflakes

la harina

das Mehl

el cruasán

das Croissant

el panecillo

das Brötchen

el pan

das Brot

la tostada

der Toast

las galletas

die Kekse

la mantequilla

die Butter

la cuajada

der Quark

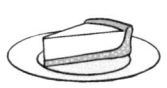

el pastel

der Kuchen

el huevo

das Ei

el huevo frito

das Spiegelei

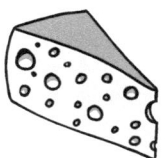

el queso

der Käse

el helado

die Eiscreme

el azúcar

der Zucker

la miel

der Honig

la mermelada

die Marmelade

la crema de turrón

die Nougat-Creme

el curry

das Curry

la granja
der Bauernhof

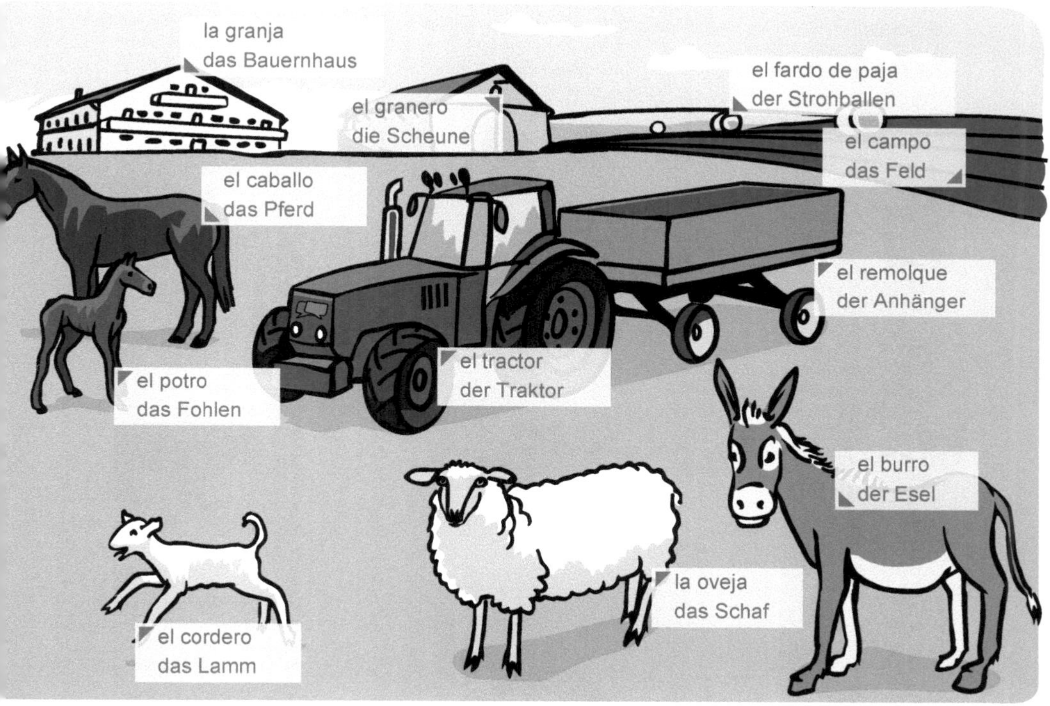
la granja
das Bauernhaus
el granero
die Scheune
el fardo de paja
der Strohballen
el campo
das Feld
el caballo
das Pferd
el remolque
der Anhänger
el tractor
der Traktor
el potro
das Fohlen
el burro
der Esel
la oveja
das Schaf
el cordero
das Lamm

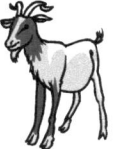

la cabra

die Ziege

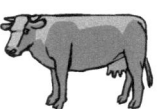

la vaca

die Kuh

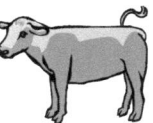

el ternero

das Kalb

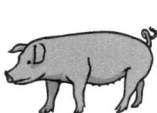

el cerdo

das Schwein

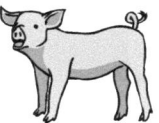

el cerdito

das Ferkel

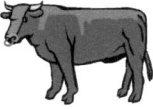

el toro

der Bulle

el ganso
die Gans

el pato
die Ente

el pollo
das Küken

la gallina
das Huhn

el gallo
der Hahn

la rata
die Ratte

el gato
die Katze

el ratón
die Maus

el buey
der Ochse

el perro
der Hund

la perrera
die Hundehütte

la manguera
der Gartenschlauch

la regadera
die Gießkanne

la guadaña
die Sense

el arado
der Pflug

la hoz

die Sichel

la azada

die Hacke

la horca

die Mistgabel

el hacha

die Axt

la carretilla

die Schubkarre

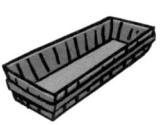

el abrevadero

der Trog

la lechera

die Milchkanne

el saco

der Sack

la valla

der Zaun

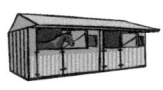

el establo

der Stall

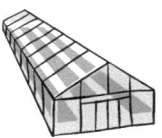

el invernadero

das Treibhaus

el suelo

der Boden

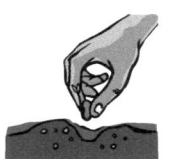

la semilla

die Saat

el fertilizador

der Dünger

la cosechadora

der Mähdrescher

cosechar

ernten

la cosecha

die Ernte

el ñame

die Yamswurzel

el trigo

der Weizen

el soja

das Soja

la patata

die Kartoffel

el maíz

der Mais

la semilla de colza

der Raps

el árbol frutal

der Obstbaum

la mandioca

der Maniok

las cereales

das Getreide

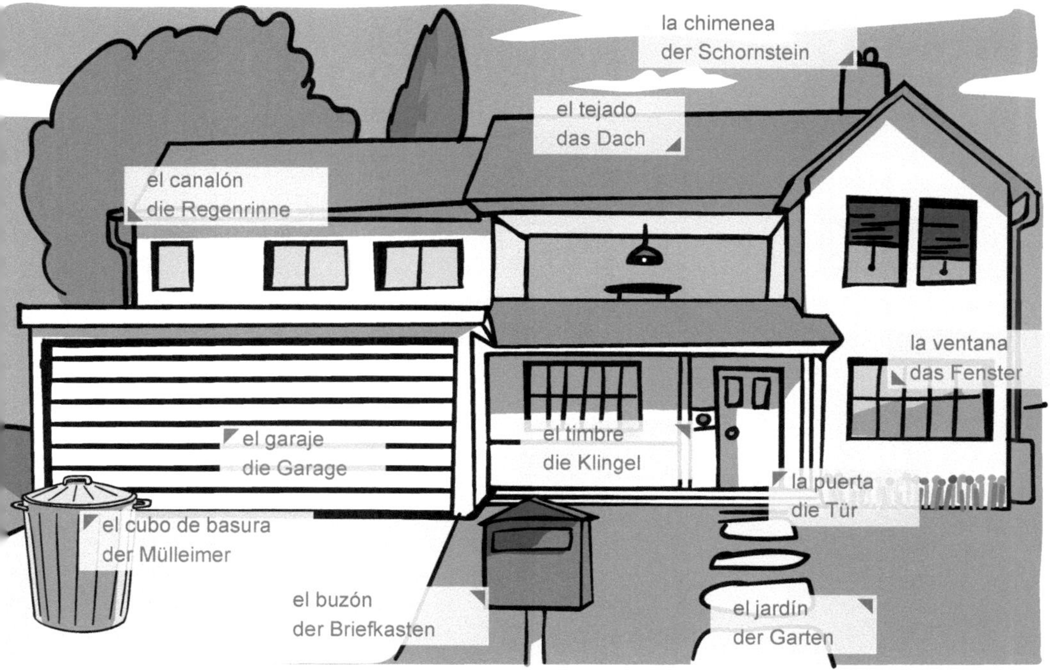

la chimenea
der Schornstein

el tejado
das Dach

el canalón
die Regenrinne

la ventana
das Fenster

el garaje
die Garage

el timbre
die Klingel

la puerta
die Tür

el cubo de basura
der Mülleimer

el buzón
der Briefkasten

el jardín
der Garten

la sala
das Wohnzimmer

el cuarto de baño
das Badezimmer

la cocina
die Küche

el dormitorio
das Schlafzimmer

la habitación de los niños
das Kinderzimmer

el comedor
das Esszimmer

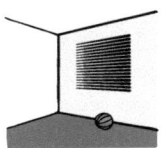

el suelo

der Boden

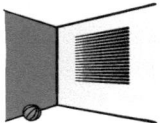

la pared

die Wand

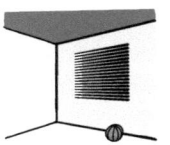

el techo

die Decke

el sótano

der Keller

la sauna

die Sauna

el balcón

der Balkon

la terraza

die Terrasse

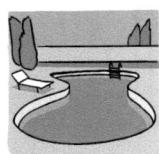

la piscina

das Schwimmbad

el cortacésped

der Rasenmäher

la sábana

der Bettbezug

la colcha

die Bettdecke

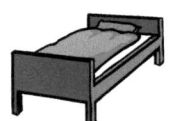

la cama

das Bett

la escoba

der Besen

el balde

der Eimer

el interruptor

der Schalter

la sala
das Wohnzimmer

el papel pintado
die Tapete
la imagen
das Bild
la lámpara
die Lampe
el estante
das Regal
el armario
der Schrank
la televisión
der Fernseher
la chimenea
der Kamin
la flor
die Blume
el cojín
das Kissen
el sofá
das Sofa
el jarrón
die Vase
el mando a distancia
die Fernbedienung

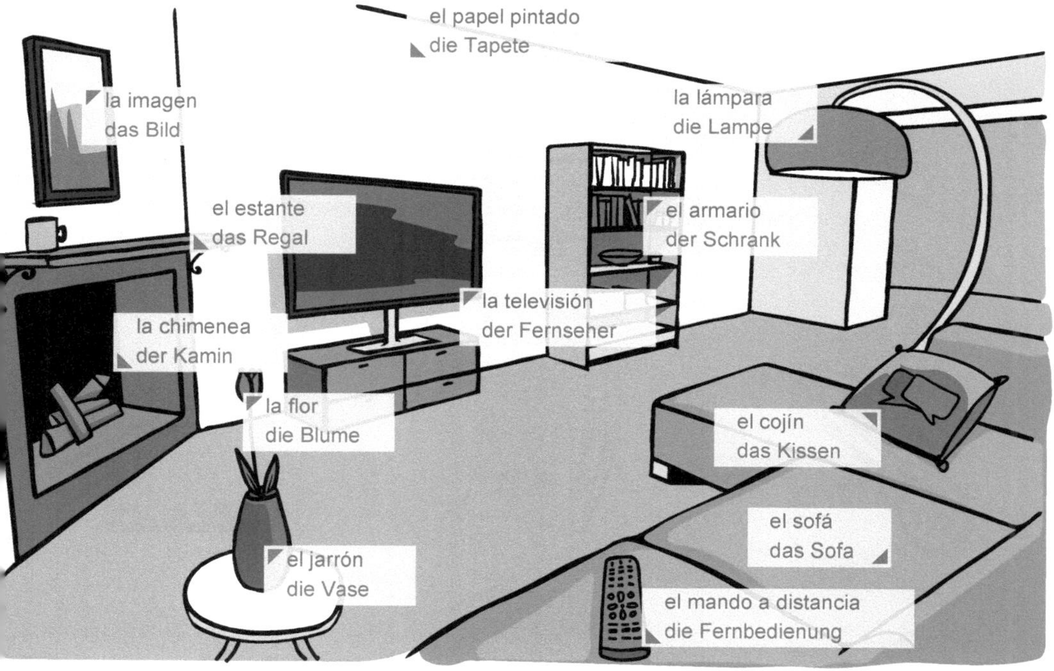

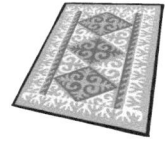

la alfombra

der Teppich

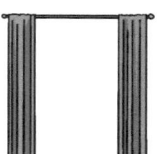

la cortina

der Vorhang

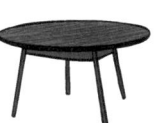

la mesa

der Tisch

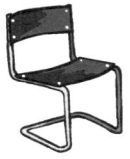

la silla

der Stuhl

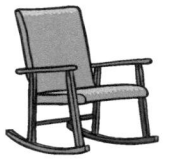

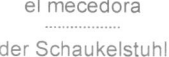

el mecedora

der Schaukelstuhl

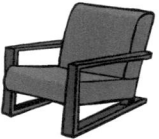

la butaca

der Sessel

el libro

das Buch

la manta

die Decke

la decoración

die Dekoration

la leña

das Feuerholz

la película

der Film

el equipo de música

die Stereoanlage

la llave

der Schlüssel

el periódico

die Zeitung

la pintura

das Gemälde

el póster

das Poster

la radio

das Radio

el cuaderno

der Notizblock

la aspiradora

der Staubsauger

el cactus

der Kaktus

la vela

die Kerze

la cocina
die Küche

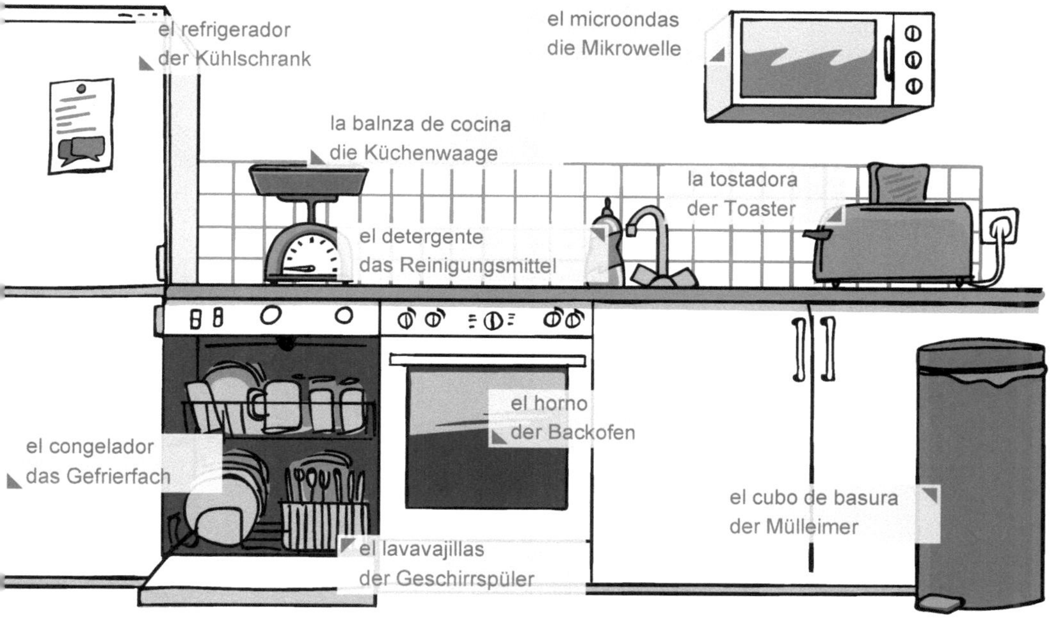
el refrigerador
der Kühlschrank
el microondas
die Mikrowelle
la balnza de cocina
die Küchenwaage
la tostadora
der Toaster
el detergente
das Reinigungsmittel
el horno
der Backofen
el congelador
das Gefrierfach
el cubo de basura
der Mülleimer
el lavavajillas
der Geschirrspüler

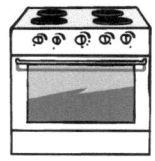

la olla a presión

der Herd

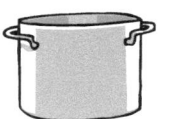

la olla

der Topf

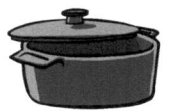

la olla de hierro fundido

der Eisentopf

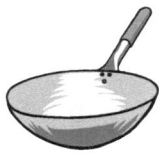

el wok

der Wok / Kadai

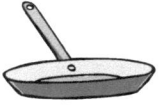

la cazuela

die Pfanne

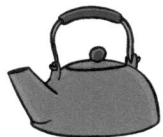

el hervidor

der Wasserkocher

la vaporera

der Dampfgarer

la chapa de horno

das Backblech

la vajilla

das Geschirr

la taza

der Becher

el tazón

die Schale

los palillos

die Essstäbchen

el cucharón

die Suppenkelle

la espumadera

der Pfannenwender

el batidor

der Schneebesen

el colador

das Kochsieb

el cedazo

das Sieb

el rallador

die Reibe

el mortero

der Mörser

la barbacoa

der Grill

la hoguera

die Feuerstelle

la cocina - die Küche

la tabla de picar

das Schneidebrett

el rodillo

das Nudelholz

el sacacorchos

der Korkenzieher

la lata

die Dose

el abrelatas

der Dosenöffner

el agarrador

der Topflappen

el lavabo

das Waschbecken

el cepillo

die Bürste

la esponja

der Schwamm

la batidora

der Mixer

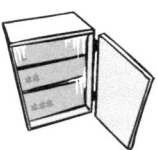

el congelador

die Gefriertruhe

el biberón

die Babyflasche

el grifo

der Wasserhahn

la cocina - die Küche

el cuarto de baño
das Badezimmer

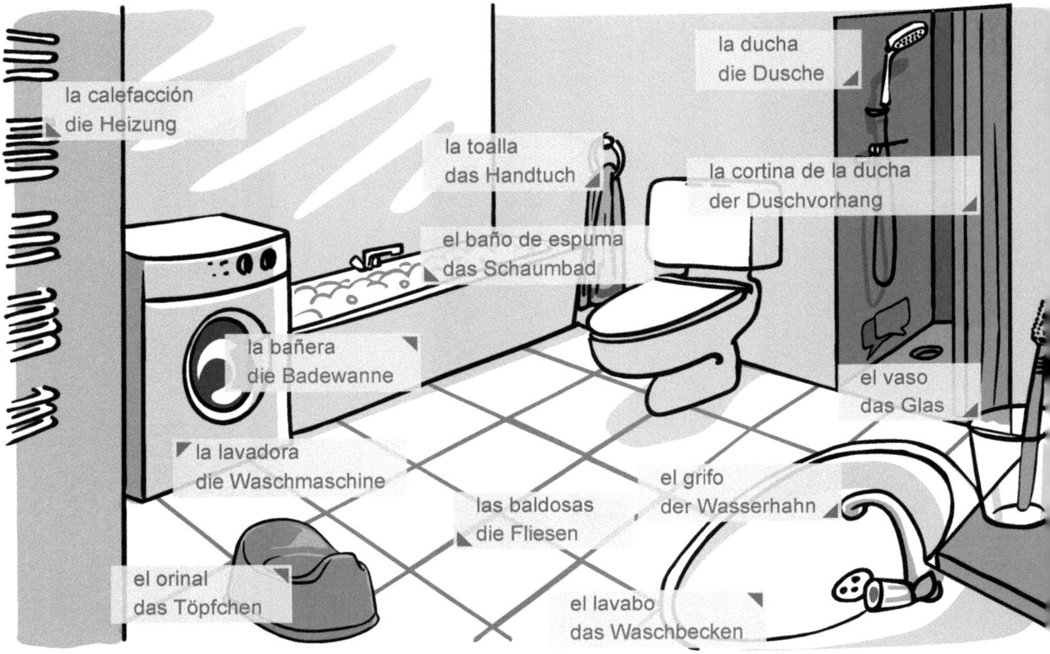

la ducha
die Dusche

la calefacción
die Heizung

la toalla
das Handtuch

la cortina de la ducha
der Duschvorhang

el baño de espuma
das Schaumbad

la bañera
die Badewanne

el vaso
das Glas

la lavadora
die Waschmaschine

el grifo
der Wasserhahn

las baldosas
die Fliesen

el orinal
das Töpfchen

el lavabo
das Waschbecken

el inodoro
....
die Toilette

el inodoro rústico
....
die Hocktoilette

el bidé
....
das Bidet

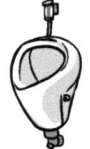

el urinario
....
das Pissoir

el papel higiénico
....
das Toilettenpapier

la escobilla del váter
....
die Toilettenbürste

el cepillo de dientes

die Zahnbürste

la pasta de dientes

die Zahnpasta

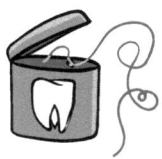

el hilo dental

die Zahnseide

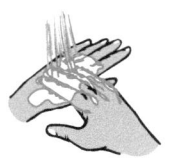

lavar

waschen

la ducha de mano

die Handbrause

la ducha íntima

die Intimdusche

la pila

die Waschschüssel

el cepillo de espalda

die Rückenbürste

el jabón

die Seife

el gel de ducha

das Duschgel

el champú

das Shampoo

la toallita

der Waschlappen

el desagüe

der Abfluss

la crema

die Creme

el desodorante

das Deodorant

el espejo

der Spiegel

el espejo de tocador

der Kosmetikspiegel

la maquinilla de afeitar

der Rasierer

la espuma de afeitar

der Rasierschaum

la loción postafeitado

das Rasierwasser

el peine

der Kamm

el cepillo

die Bürste

el secador

der Föhn

la laca

das Haarspray

el maquillaje

das Makeup

el pintalabios

der Lippenstift

el pintauñas

der Nagellack

el algodón

die Watte

el cortauñas

die Nagelschere

el perfume

das Parfum

el estuche de viaje

der Kulturbeutel

la banqueta

der Hocker

la balanza

die Waage

el albornoz

der Bademantel

los guantes de goma

die Gummihandschuhe

el tampón

das Tampon

la compresa

die Damenbinde

el inodoro químico

die Chemietoilette

la habitación de los niños

das Kinderzimmer

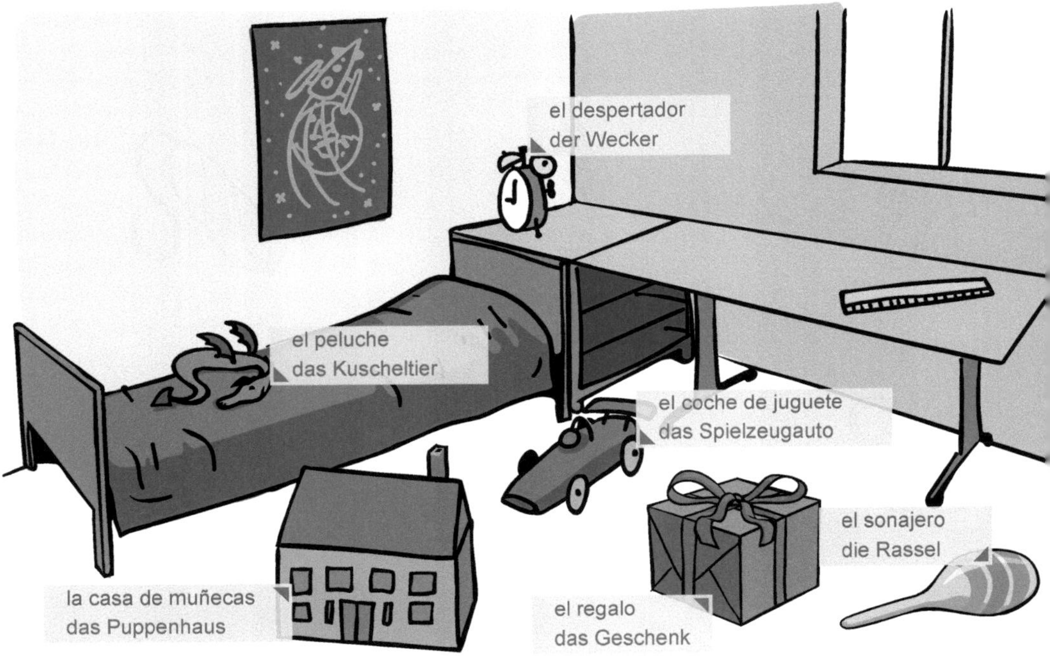
el despertador
der Wecker
el peluche
das Kuscheltier
el coche de juguete
das Spielzeugauto
el sonajero
die Rassel
la casa de muñecas
das Puppenhaus
el regalo
das Geschenk

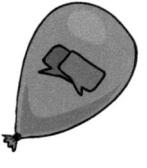

el globo

der Ballon

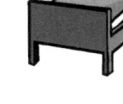

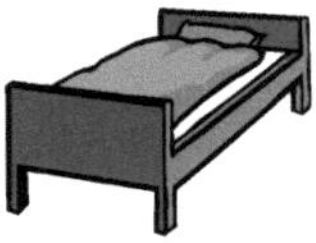

la cama

das Bett

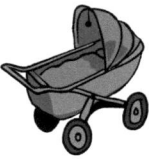

el coche de niño

der Kinderwagen

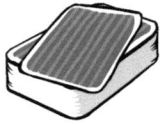

los naipes

das Kartenspiel

el puzle

das Puzzle

SUPER
MEGA

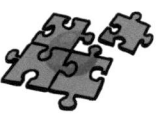

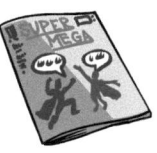

el tebeo

der Comic

las piezas de lego

die Legosteine

los bloques de juguete

die Bausteine

la figura de acción

die Action Figur

el bodi (de bebé)

der Strampelanzug

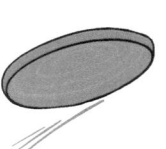

el frisbee

das Frisbee

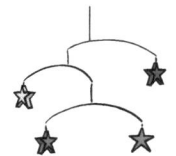

el colgador móvil para bebés

das Mobile

el juego de mesa

das Brettspiel

los dados

der Würfel

el circuito de tren eléctrico

die Modelleisenbahn

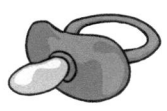

el maniquí

der Schnuller

la fiesta

die Party

el álbum de fotos

das Bilderbuch

la pelota

der Ball

la muñeca

die Puppe

jugar

spielen

el cajón de arena

der Sandkasten

el columpio

die Schaukel

los juguetes

das Spielzeug

la videoconsola

die Spielkonsole

el triciclo

das Dreirad

el oso de peluche

der Teddy

la guardarropa

der Kleiderschrank

la ropa
die Kleidung

los calcetines

die Socken

las medias

die Strümpfe

los leotardos

die Strumpfhose

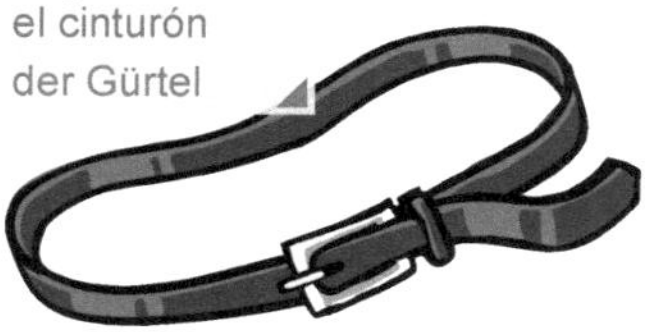

la bufanda
der Schal

el paraguas
der Regenschirm

el cinturón
der Gürtel

la camiseta
das T-Shirt

las botas
der Stiefel

las zapatillas
die Hausschuhe

las deportivas
die Turnschuhe

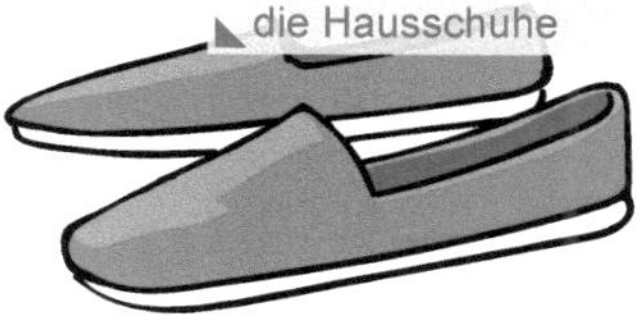

las sandalias
die Sandalen

los zapatos
die Schuhe

las botas de goma
die Gummistiefel

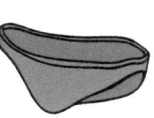
el slip
die Unterhose

el sostén
der Büstenhalter

el chaleco
das Unterhemd

el bodi

der Body

los pantalones cortos

die Hose

los vaqueros

die Jeans

la falda

der Rock

la blusa

die Bluse

la camisa

das Hemd

el jersey

der Pullover

el suéter

der Kapuzenpullover

el blazer

der Blazer

la chaqueta

die Jacke

el abrigo

der Mantel

la gabardina

der Regenmantel

el traje

das Kostüm

el vestido

das Kleid

el vestido de novia

das Hochzeitskleid

el traje

der Anzug

el camisón

das Nachthemd

el pijama

der Schlafanzug

el sati

der Sari

el bandana

das Kopftuch

el turbante

der Turban

la burka

die Burka

el caftán

der Kaftan

la abaya

die Abaya

el traje de baño

der Badeanzug

el bañador

die Badehose

los pantalones cortos

die kurze Hose

el chándal

der Trainingsanzug

el delantal

die Schürze

los guantes

die Handschuhe

el botón

der Knopf

las gafas

die Brille

el brazalete

das Armband

el collar

die Halskette

el anillo

der Ring

el pendiente

der Ohrring

la gorra

die Mütze

la percha

der Kleiderbügel

el sombrero

der Hut

la corbata

die Krawatte

la cremallera

der Reißverschluss

el casco

der Helm

los tirantes

der Hosenträger

el uniforme

die Schuluniform

el uniforme

die Uniform

el babero

das Lätzchen

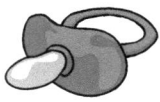

el maniquí

der Schnuller

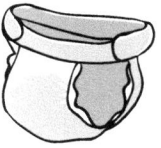

el pañal

die Windel

la oficina
das Büro

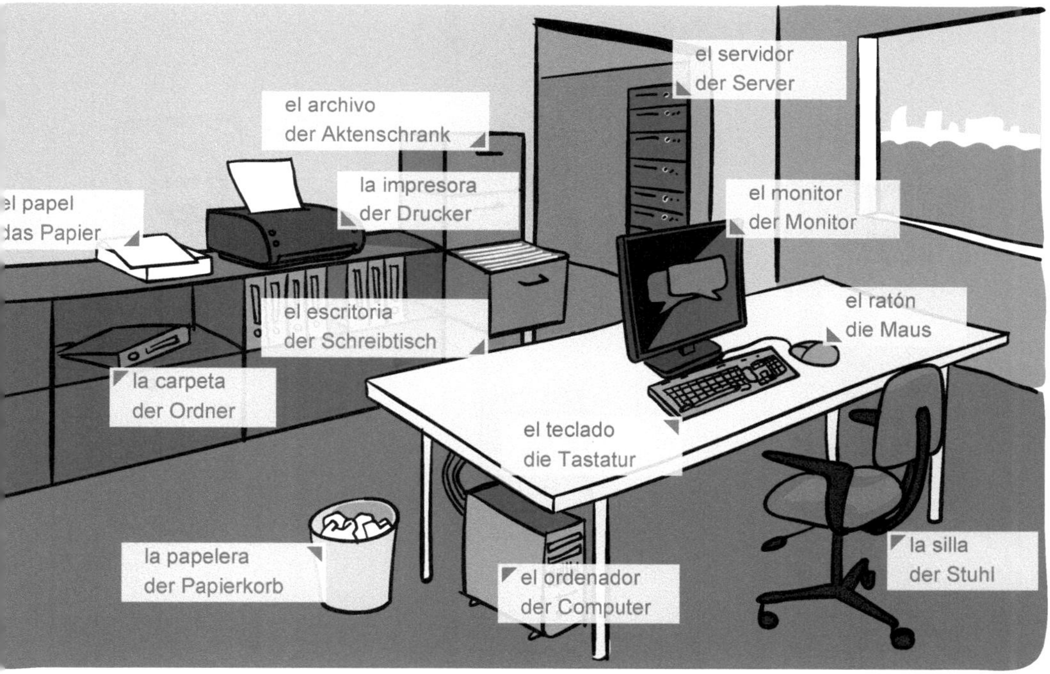

el servidor
der Server

el archivo
der Aktenschrank

la impresora
der Drucker

el papel
das Papier

el monitor
der Monitor

el escritoria
der Schreibtisch

el ratón
die Maus

la carpeta
der Ordner

el teclado
die Tastatur

la papelera
der Papierkorb

el ordenador
der Computer

la silla
der Stuhl

la taza de café

der Kaffeebecher

la calculadora

der Taschenrechner

el internet

das Internet

el portátil

der Laptop

la carta

der Brief

el mensaje

die Nachricht

el móvil

das Handy

la red

das Netzwerk

la fotocopiadora

der Kopierer

el software

die Software

el teléfono

das Telefon

la toma de corriente

die Steckdose

el fax

das Fax

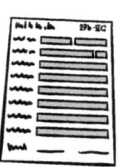

el formulario

das Formular

el documento

das Dokument

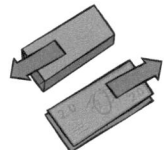

comprar
kaufen

pagar
bezahlen

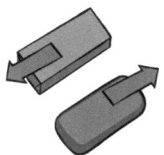

comerciar
handeln

el dinero
das Geld

el dólar
der Dollar

el euro
der Euro

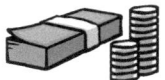

el yen
der Yen

el rublo
der Rubel

el franco suizo
der Franken

el renminbi yuan
der Renminbi Yuan

la rupia
die Rupie

el cajero automático
der Geldautomat

la oficina de cambio de divisas

die Wechselstube

el oro

das Gold

la plata

das Silber

el petróleo

das Öl

la energía

die Energie

el precio

der Preis

el contrato

der Vertrag

el impuesto

die Steuer

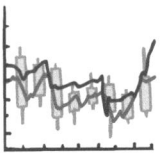

la acción

die Aktie

trabajar

arbeiten

el empleador

der Angestellte

el empleador

der Arbeitgeber

la fábrica

die Fabrik

la tienda de campaña

das Geschäft

los oficios
die Berufe

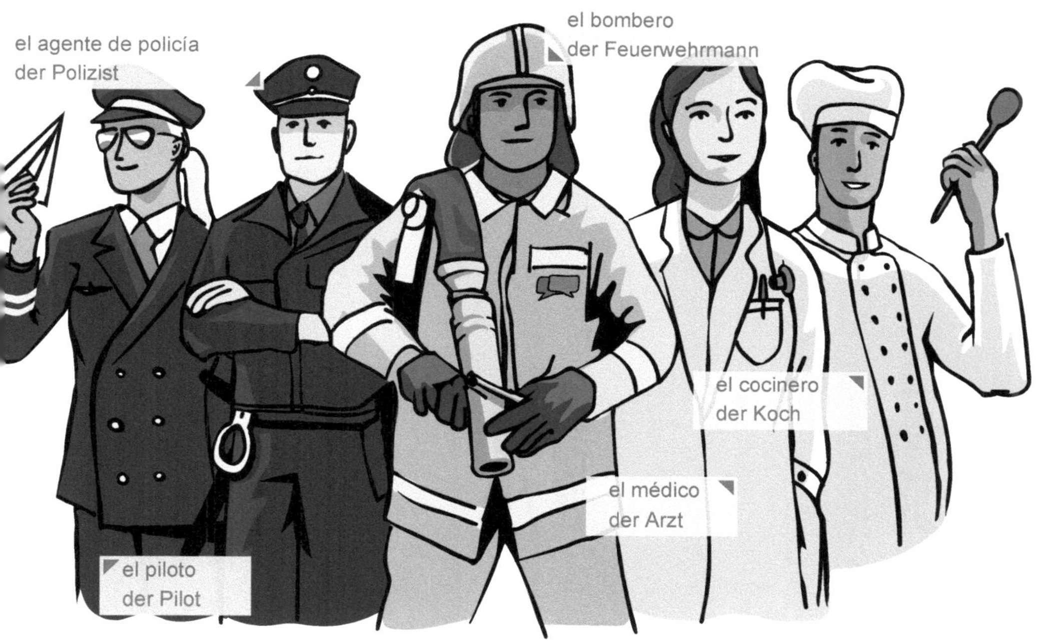
el agente de policía
der Polizist
el bombero
der Feuerwehrmann
el cocinero
der Koch
el médico
der Arzt
el piloto
der Pilot

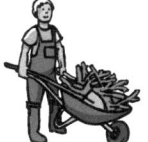

el jardinero

der Gärtner

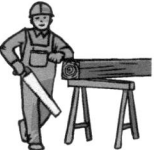

el carpintero

der Tischler

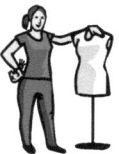

la costurera

die Näherin

el juez

der Richter

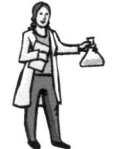

el farmacéutico

der Chemiker

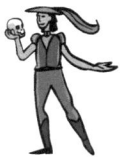

el actor

der Schauspieler

el conductor de autobús

der Busfahrer

el taxista

der Taxifahrer

el pescador

der Fischer

la señora de la limpieza

die Putzfrau

el techador

der Dachdecker

el camarero

der Kellner

el cazador

der Jäger

el pintor

der Maler

el panadero

der Bäcker

el electricista

der Elektriker

el obrero

der Bauarbeiter

el ingeniero

der Ingenieur

el carnicero

der Schlachter

el fontanero

der Klempner

el cartero

der Postbote

el soldado

der Soldat

el arquitecto

der Architekt

el cajero

der Kassierer

el florista

der Florist

el peluquero

der Friseur

el revisor

der Schaffner

el mecánico

der Mechaniker

el capitán

der Kapitän

el dentista

der Zahnarzt

el científico

der Wissenschaftler

el rabino

der Rabbi

el imán

der Imam

el monje

der Mönch

el sacerdote

der Geistliche

las herramientas
die Werkzeuge

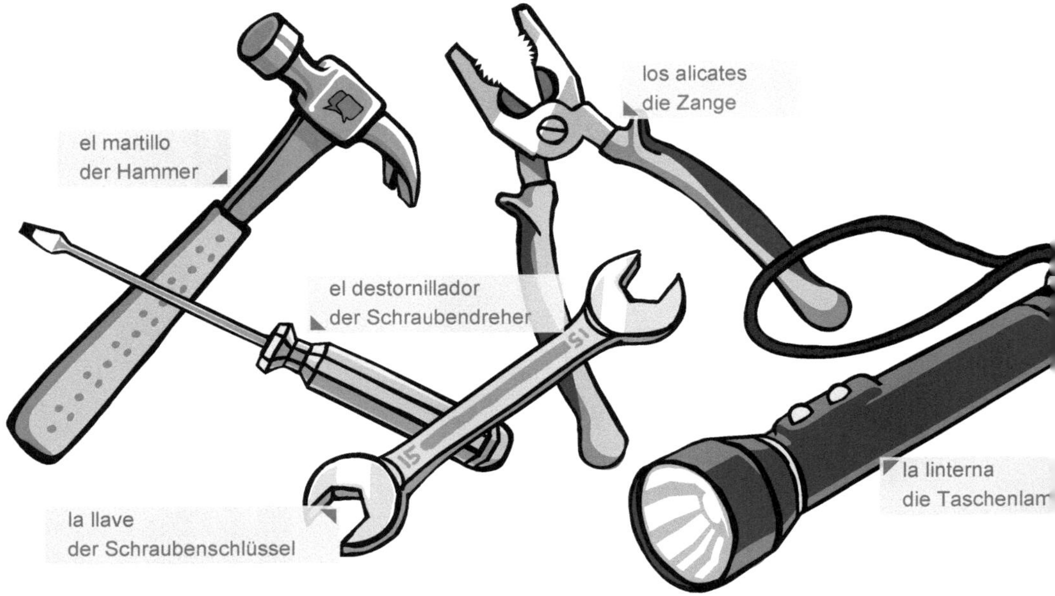

los alicates
die Zange
el martillo
der Hammer
el destornillador
der Schraubendreher
la linterna
die Taschenlam
la llave
der Schraubenschlüssel

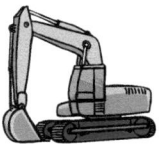

la excavadora

der Bagger

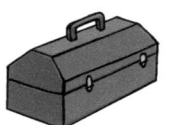

la caja de herramientas

der Werkzeugkasten

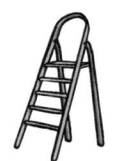

la escalera de mano

die Leiter

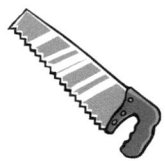

la sierra

die Säge

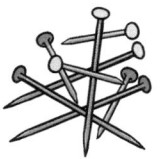

los clavos

die Nägel

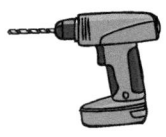

el taladro

der Bohrer

reparar

reparieren

la pala

die Schaufel

¡Maldita sea!

Mist!

el recogedor

das Kehrblech

el bote de pintura

der Farbtopf

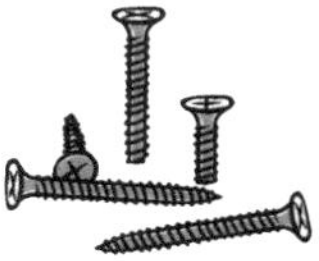

los tornillos

die Schrauben

los instrumentos musicales
die Musikinstrumente

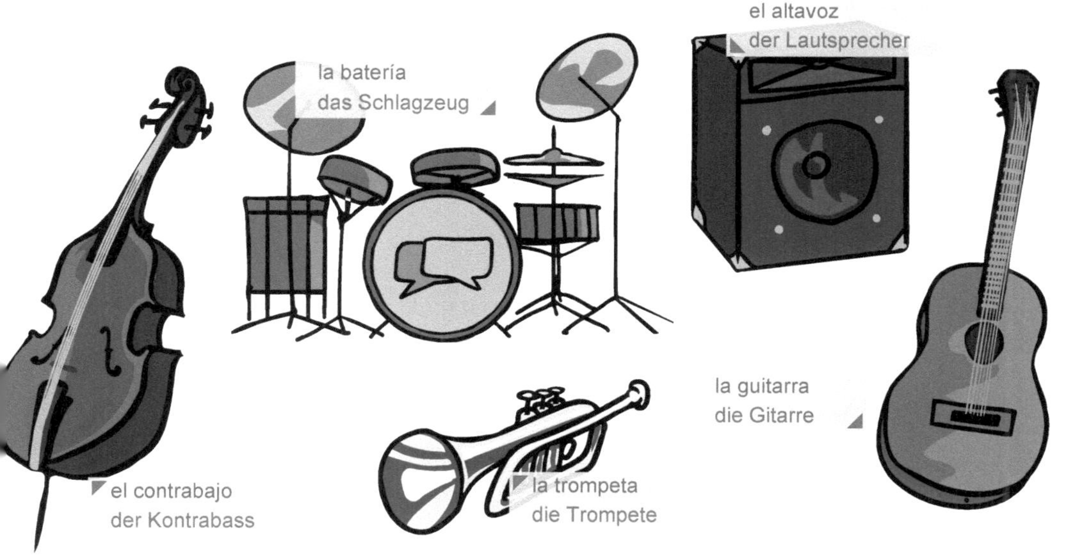

el altavoz
der Lautsprecher

la batería
das Schlagzeug

la guitarra
die Gitarre

el contrabajo
der Kontrabass

la trompeta
die Trompete

el piano

das Klavier

el violín

die Violine

bajo

der Bass

los timbales

die Pauke

el tambor

die Trommeln

el teclado

das Keyboard

el saxofón

das Saxophon

la flauta

die Flöte

el micrófono

das Mikrofon

el zoo
der Zoo

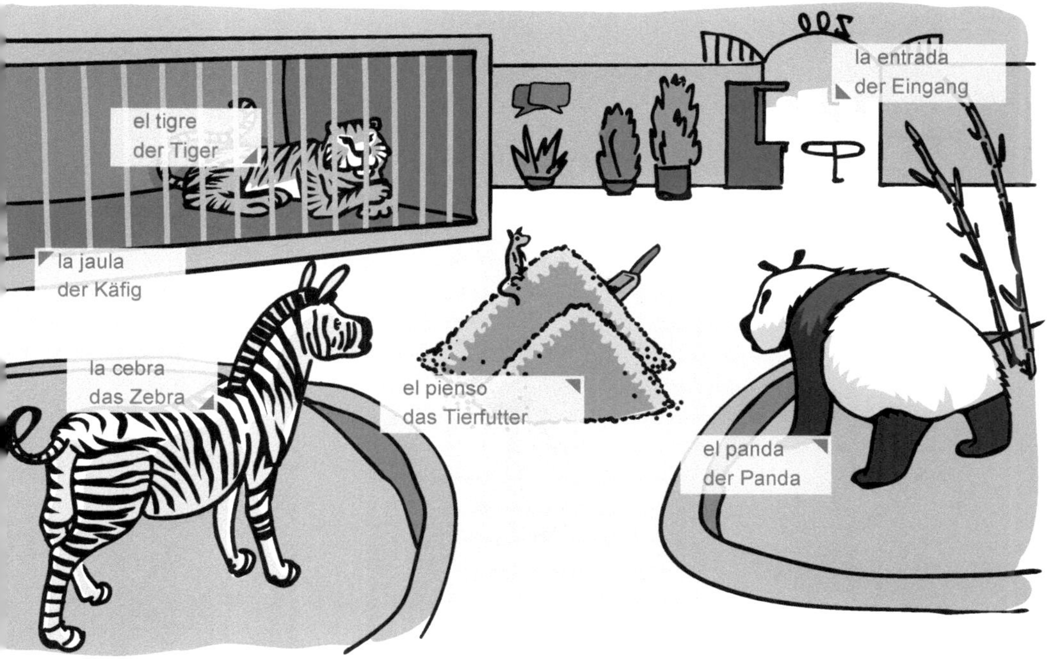
el tigre
der Tiger
la jaula
der Käfig
la cebra
das Zebra
el pienso
das Tierfutter
la entrada
der Eingang
el panda
der Panda

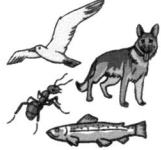

los animales

die Tiere

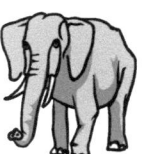

el elefante

der Elefant

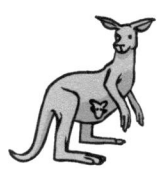

el canguro

das Känguruh

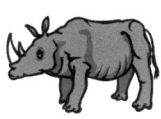

el rinoceronte

das Nashorn

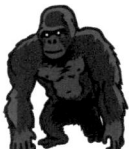

el gorila

der Gorilla

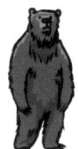

el oso

der Bär

el camello
das Kamel

el avestruz
der Strauß

el león
der Löwe

el mono
der Affe

el flamingo
der Flamingo

el loro
der Papagei

el oso polar
der Eisbär

el pingüino
der Pinguin

el tiburón
der Hai

el pavo real
der Pfau

la serpiente
die Schlange

el cocodrilo
das Krokodil

el guardián de zoológico
der Zoowärter

la foca
die Robbe

el jaguar
der Jaguar

el zoo - der Zoo

el poni

das Pony

el leopardo

der Leopard

el hipopótamo

das Nilpferd

la jirafa

die Giraffe

el águila

der Adler

el jabalí

das Wildschwein

el pescado

der Fisch

la tortuga

die Schildkröte

la morsa

das Walross

el zorro

der Fuchs

la gacela

die Gazelle

el fútbol americano
das American Football

el ciclismo
das Radfahren

el tenis
das Tennis

el baloncesto
der Basketball

la natación
das Schwimmen

el boxeo
das Boxen

el hockey sobre hielo
das Eishockey

el fútbol
der Fußball

el bádminton
das Badminton

el atletismo
die Leichtathletik

el balonmano
der Handball

el esquí
das Skilaufen

el polo
das Polo

saltar
springen

reir
lachen

abrazar
umarmen

caminar
gehen

cantar
singen

rezar
beten

besar
küssen

soñar
träumen

escribir
schreiben

dibujar
zeichnen

mostrar
zeigen

empujar
drücken

dar
geben

tomar
nehmen

tener
....
haben

hacer
....
tun

ser
....
sein

estar de pie
....
stehen

correr
....
laufen

tirar
....
ziehen

tirar
....
werfen

caer
....
fallen

yacer
....
liegen

esperar
....
warten

llevar
....
tragen

estar sentado
....
sitzen

vestirse
....
anziehen

dormir
....
schlafen

despertar
....
aufwachen

mirar
ansehen

llorar
weinen

acariciar
streicheln

peinar
kämmen

hablar
reden

entender
verstehen

preguntar
fragen

escuchar
hören

beber
trinken

comer
essen

ordenar
aufräumen

amar
lieben

cocinar
kochen

conducir
fahren

volar
fliegen

las actividades - die Aktivitäten

navegar

segeln

calcular

rechnen

leer

lesen

aprender

lernen

trabajar

arbeiten

casarse

heiraten

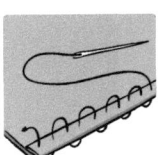

coser

nähen

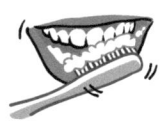

cepillarse los dientes

Zähne putzen

matar

töten

fumar

rauchen

enviar

senden

la familia

die Familie

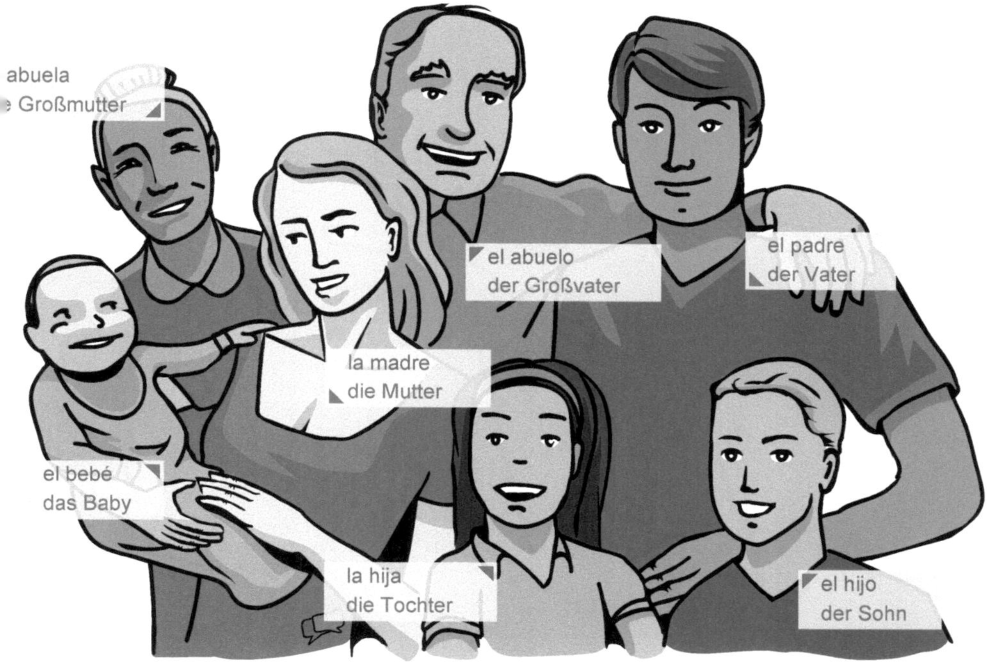

abuela
Großmutter
el abuelo
der Großvater
el padre
der Vater
la madre
die Mutter
el bebé
das Baby
la hija
die Tochter
el hijo
der Sohn

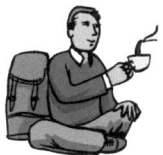

el invitado

der Gast

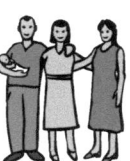

la tía

die Tante

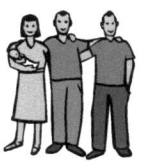

el tío

der Onkel

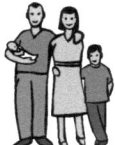

el hermano

der Bruder

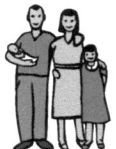

la hermana

die Schwester

el cuerpo
der Körper

la frente
die Stirn
el ojo
das Auge
el hombro
die Schulter
el dedo
der Finger
la cara
das Gesicht
la barbilla
das Kinn
la mano
die Hand
la pierna
das Bein
el pecho
die Brust
el brazo
der Arm

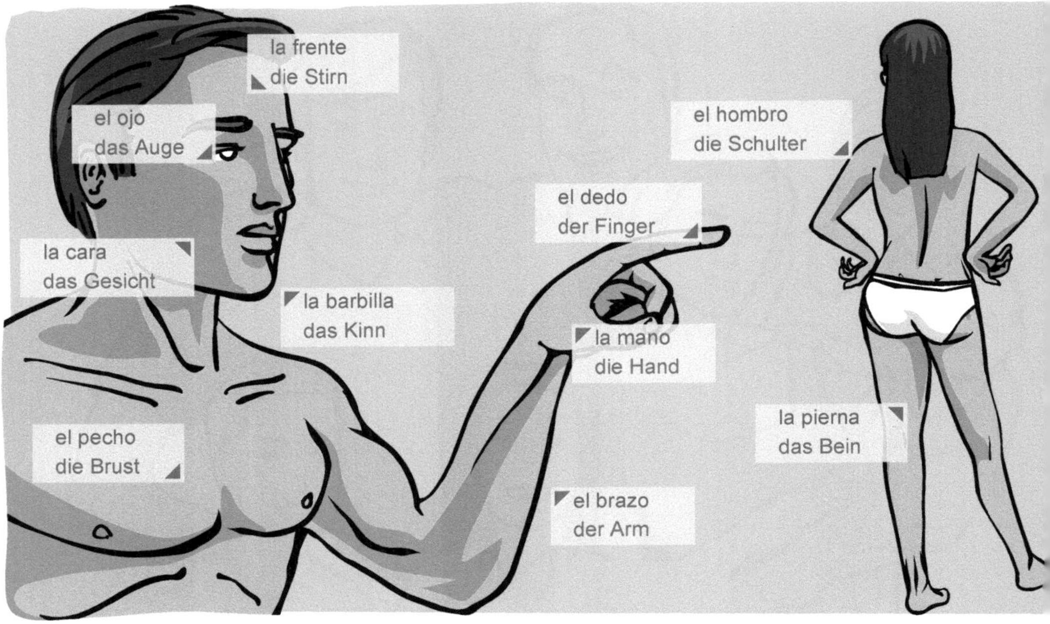

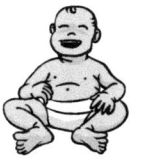

el bebé

das Baby

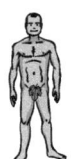

el hombre

der Mann

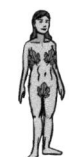

la mujer

die Frau

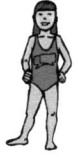

la chica

das Mädchen

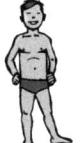

el chico

der Junge

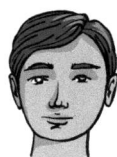

la cabeza

der Kopf

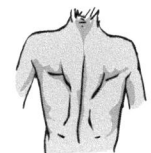

la espalda

der Rücken

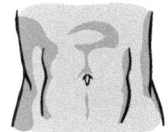

el vientre

der Bauch

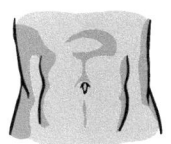

el ombligo

der Nabel

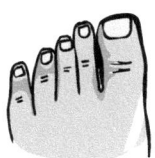

el dedo del pie

der Zeh

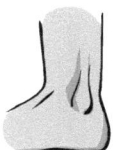

el talón

die Ferse

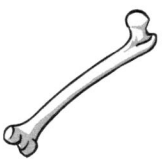

el hueso

der Knochen

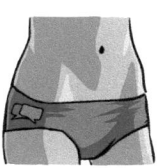

la cadera

die Hüfte

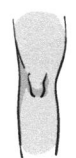

la rodilla

das Knie

el codo

der Ellenbogen

la nariz

die Nase

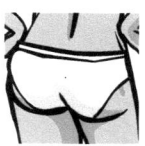

el trasero

das Gesäß

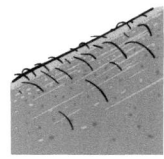

la piel

die Haut

la mejilla

die Wange

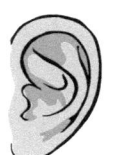

el oído

das Ohr

el labio

die Lippe

la boca

der Mund

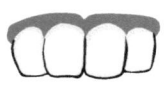

el diente

der Zahn

la lengua

die Zunge

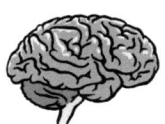

el cerebro

das Gehirn

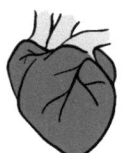

el corazón

das Herz

el músculo

der Muskel

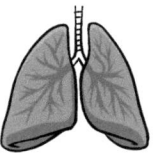

el pulmón

die Lunge

el hígado

die Leber

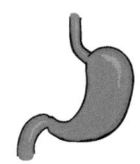

el estómago

der Magen

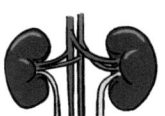

los riñones

die Nieren

el sexo

der Geschlechtsverkehr

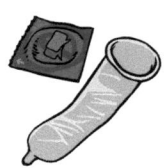

el condón

das Kondom

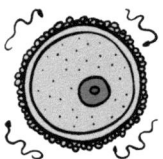

el ovario

die Eizelle

el semen

das Sperma

el embarazo

die Schwangerschaft

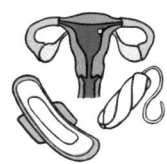

la menstruación

die Menstruation

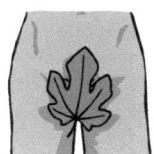

la vagina

die Vagina

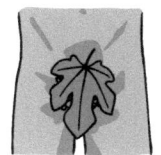

el pene

der Penis

la ceja

die Augenbraue

el pelo

das Haar

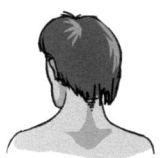

el cuello

der Hals

el hospital
das Krankenhaus

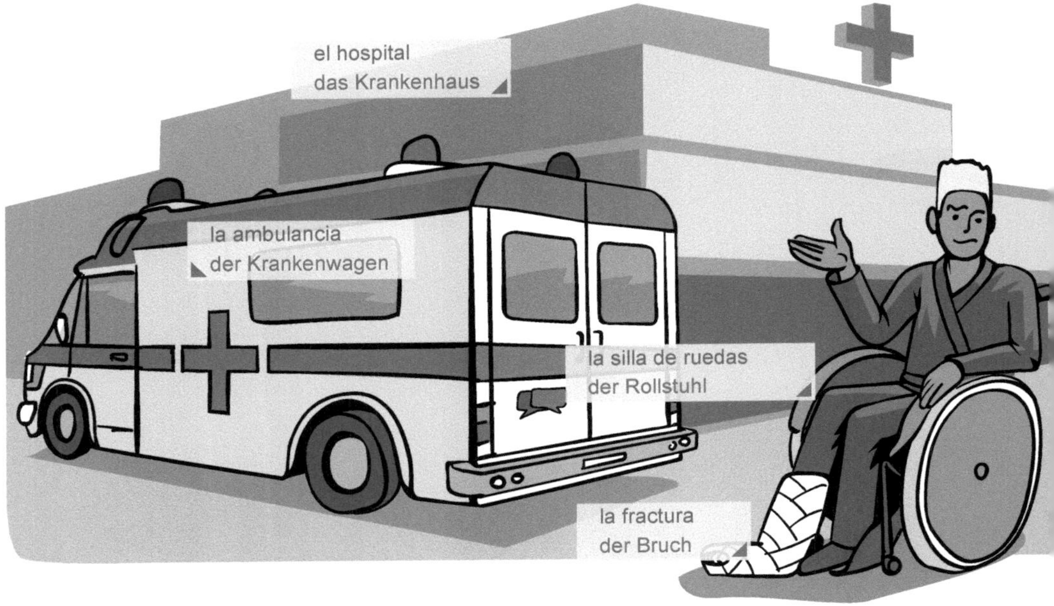

el hospital
das Krankenhaus
la ambulancia
der Krankenwagen
la silla de ruedas
der Rollstuhl
la fractura
der Bruch

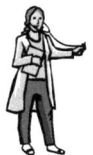

el médico

der Arzt

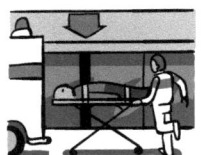

la sala de urgencias

die Notaufnahme

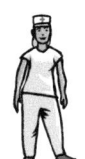

la enfermera

die Krankenschwester

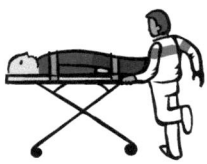

la urgencia

der Notfall

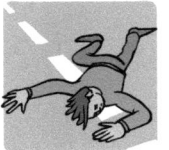

inconsciente

ohnmächtig

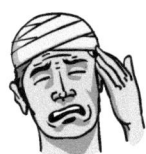

el dolor

der Schmerz

la lesión
die Verletzung

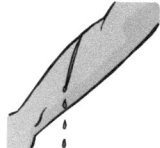

la hemorragia
die Blutung

el infarto
der Herzinfarkt

el ictus
der Schlaganfall

la alergia
die Allergie

la tos
der Husten

la fiebre
das Fieber

la gripe
die Grippe

la diarrea
der Durchfall

el dolor de cabeza
die Kopfschmerzen

el cáncer
der Krebs

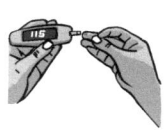

la diabetes
die Diabetis

el cirujano
der Chirurg

el bisturí
das Skalpell

la operación
die Operation

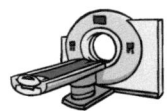

TAC
das CT

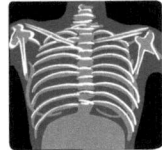

los rayos x
das Röntgen

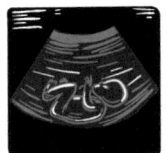

el ultrasonido
das Ultraschall

la mascarilla
die Maske

la enfermedad
die Krankheit

la sala de espera
das Wartezimmer

la muleta
die Krücke

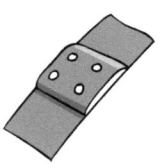

la tirita
das Pflaster

la venda
der Verband

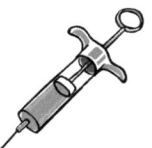

la inyección
die Injektion

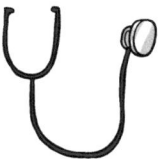

el estetoscopio
das Stethoskop

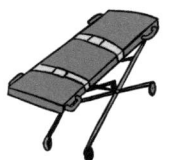

la camilla
die Trage

el termómetro
das Thermometer

el nacimiento
die Geburt

el sobrepeso
das Übergewicht

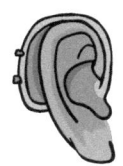

el audífono
das Hörgerät

el desinfectante
das Desinfektionsmittel

la infección
die Infektion

el virus
das Virus

VIH / SIDA
das HIV / AIDS

la medicina
die Medizin

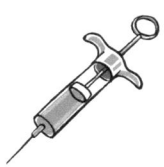

la vacunación
die Impfung

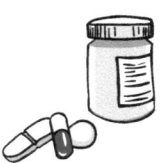

las tabletas
die Tabletten

la pastilla
die Pille

la llamada de urgencia
der Notruf

el tensiómetro
das Blutdruck-Messgerät

enfermo / sano
krank / gesund

¡Socorro!

Hilfe!

la alarma

der Alarm

el asalto

der Überfall

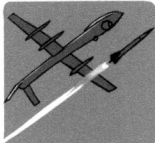

el ataque

der Angriff

el peligro

die Gefahr

la salida de emergencia

der Notausgang

¡Fuego!

Feuer!

el extintor de incendios

der Feuerlöscher

el accidente

der Unfall

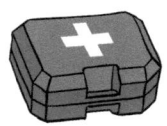

el botiquín de primeros auxilios

der Erste-Hilfe-Koffer

SOS

SOS

la policía

die Polizei

Europa

das Europa

Norteamérica

das Nordamerika

Sudamérica

das Südamerika

África

das Afrika

Asia

das Asien

Australia

das Australien

el atlántico

der Atlantik

el Pacífico

der Pazifik

el Océano Índico

der Indische Ozean

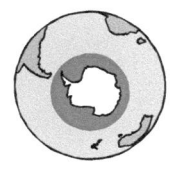

el Océano Antártico

der Antarktische Ozean

el Océano Ártico

der Arktische Ozean

el polo norte

der Nordpol

el polo sur

der Südpol

La Antártida

die Antarktis

la tierra

die Erde

la tierra

das Land

el mar

das Meer

la isla

die Insel

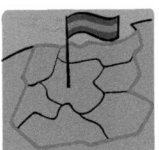

la nación

die Nation

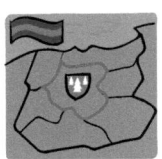

el estado

der Staat

la esfera

das Zifferblatt

la manecilla de las horas

der Stundenzeiger

el minutero

der Minutenzeiger

el segundero

der Sekundenzeiger

¿Qué hora es?

Wie spät ist es?

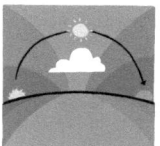

el día

der Tag

el tiempo

die Zeit

ahora

jetzt

el reloj digital

die Digitaluhr

el minuto

die Minute

la hora

die Stunde

la semana
die Woche

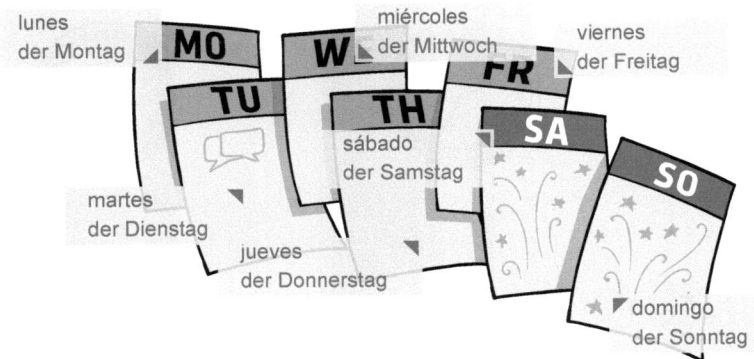

lunes
der Montag

miércoles
der Mittwoch

viernes
der Freitag

martes
der Dienstag

sábado
der Samstag

jueves
der Donnerstag

domingo
der Sonntag

ayer

gestern

hoy

heute

mañana

morgen

la mañana

der Morgen

el mediodía

der Mittag

la tarde

der Abend

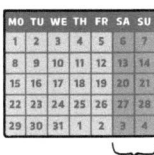

los días laborables

die Arbeitstage

el fin de semana

das Wochenende

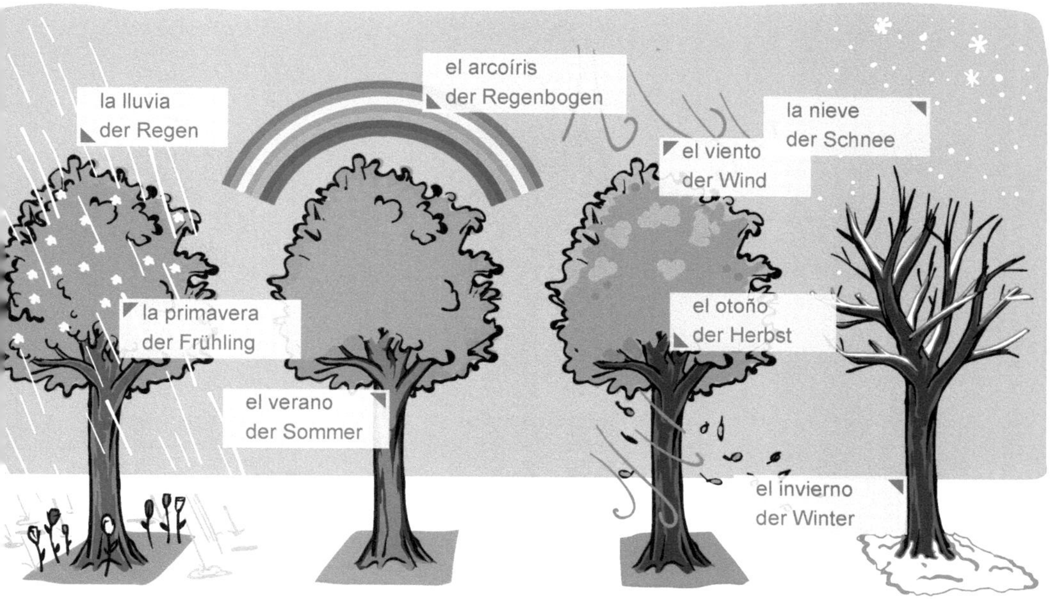

la lluvia
der Regen

el arcoíris
der Regenbogen

la nieve
der Schnee

el viento
der Wind

la primavera
der Frühling

el otoño
der Herbst

el verano
der Sommer

el invierno
der Winter

el pronóstico del tiempo

die Wettervorhersage

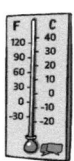

el termómetro

das Thermometer

el sol

der Sonnenschein

la nube

die Wolke

la niebla

der Nebel

la humedad

die Luftfeuchtigkeit

el rayo

der Blitz

el trueno

der Donner

la tormenta

der Sturm

el granizo

der Hagel

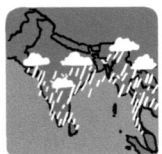

el monzón

der Monsun

la inundación

die Flut

el hielo

das Eis

enero

der Januar

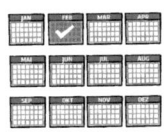

febrero

der Februar

marzo

der März

abril

der April

mayo

der Mai

junio

der Juni

julio

der Juli

agosto

der August

el año - das Jahr

septiembre

der September

octubre

der Oktober

noviembre

der November

diciembre

der Dezember

las formas
die Formen

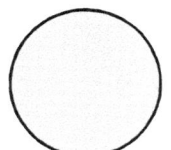

el círculo

der Kreis

el cuadrado

das Quadrat

el rectángulo

das Rechteck

el triángulo

das Dreieck

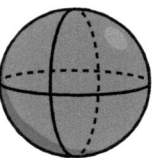

la esfera

die Kugel

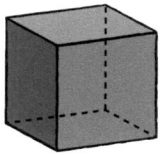

el cubo

der Würfel

colores

die Farben

blanco

weiß

amarillo

gelb

anaranjado

orange

rosa

pink

rojo

rot

morado

lila

azul

blau

verde

grün

marrón

braun

gris

grau

negro

schwarz

mucho / poco
viel / wenig

enojado / tranquilo
wütend / friedlich

bonito / feo
hübsch / hässlich

principio / fin
der Anfang / das Ende

grande / pequeño
groß / klein

claro / oscuro
hell / dunkel

el hermano / la hermana
er Bruder / die Schwester

limpio / sucio
sauber / schmutzig

completo / incompleto
vollständig / unvollständig

el día / la noche
der Tag / die Nacht

muerto / vivo
tot / lebendig

ancho / estrecho
breit / schmal

comestible / no comestible

genießbar / ungenießbar

malo / amable

böse / freundlich

entusiasmado / aburrido

aufgeregt / gelangweilt

gordo / delgado

dick / dünn

primero / último

zuerst / zuletzt

el amigo / el enemigo

der Freund / der Feind

lleno / vacío

voll / leer

duro / blando

hart / weich

pesado / ligero

schwer / leicht

el hambre / la sed

der Hunger / der Durst

enfermo / sano

krank / gesund

ilegal / legal

illegal / legal

inteligente / tonto

intelligent / dumm

izquierda / derecha

links / rechts

cerca / lejos

nah / fern

los opuestos - die Gegenteile

nuevo / usado

neu / gebraucht

nada / algo

nichts / etwas

viejo / joven

alt / jung

encendido / apagado

an / aus

abierto / cerrado

offen / geschlossen

silencioso / ruidoso

leise / laut

rico / pobre

reich / arm

correcto / incorrecto

richtig / falsch

áspero / suave

rau / glatt

triste / contento

traurig / glücklich

corto / largo

kurz / lang

lento / rápido

langsam / schnell

húmedo / seco

nass / trocken

cálido / frío

warm / kühl

guerra / paz

der Krieg / der Frieden

los números

die Zahlen

0

cero

null

1

uno

eins

2

dos

zwei

3

tres

drei

4

cuatro

vier

5

cinco

fünf

6

seis

sechs

7

siete

sieben

8

ocho

acht

9

nueve

neun

10

diez

zehn

11

once

elf

12

doce

zwölf

13

trece

dreizehn

14

catorce

vierzehn

15

quince

fünfzehn

16

dieciséis

sechzehn

17

diecisiete

siebzehn

18

dieciocho

achtzehn

19

diecinueve

neunzehn

20

veinte

zwanzig

100

cien

hundert

1.000

mil

tausend

1.000.000

el millón

million

el inglés

Englisch

el inglés americano

Amerikanisches Englisch

el chino madarín

Chinesisch Mandarin

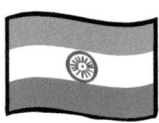

el hindi

Hindi

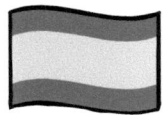

el español

Spanisch

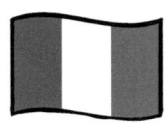

el francés

Französisch

el árabe

Arabisch

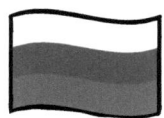

el ruso

Russisch

el portugués

Portugiesisch

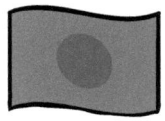

el bengalí

Bengalisch

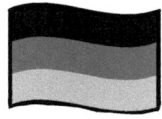

el alemán

Deutsch

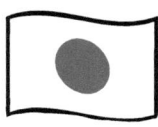

el japonés

Japanisch

yo

ich

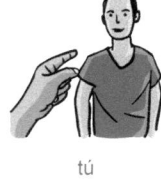

tú

du

él / ella / ello

er / sie / es

nosotros/as

wir

vosotros/as

ihr

ellos/as

sie

¿quién?

wer?

¿qué?

was?

¿cómo?

wie?

¿dónde?

wo?

¿cuándo?

wann?

el nombre

Name

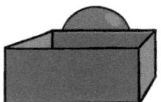

detrás
....
hinter

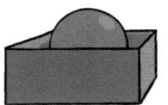

en
....
in

delante de
....
vor

por encima de
....
über

sobre
....
auf

debajo de
....
unter

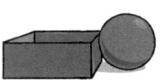

junto a
....
neben

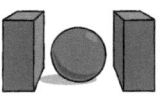

entre
....
zwischen

el lugar
....
der Ort